Apprivoiser la
JUNGLE de la
cour de récréation

**Faciliter la compréhension du volet social de la récréation
par les élèves atteints d'autisme et d'autres troubles
envahissants du développement**

FUTURE HORIZONS, INC.
720 N. Fielder Road
Arlington, TX 76012   USA
817-277-0727 • 817-277-2270 Fax

ISBN # 1-885477-40-6

Apprivoiser la JUNGLE de la cour de récréation

Carol Gray
Consultante aux élèves atteints d'autisme
des écoles publiques de Jenison

Illustration sur la page couverture de Carol Gray

Titre original
Taming the Recess JuNgle
©Jenison Public Schools, 1993

Cet ouvrage a été traduit et adapté en français par
Christian Bouchard, Services linguistiques et
Ulla Hoff, psychologue au Centre de Ressource régionale d'aide
en autisme, Québec, 1996

Apprivoiser la JUNGLE de la cour de récréation

est un ensemble de documents visant à faciliter la compréhension du volet social de la récréation.

Un article paru à l'automne 1993 dans The Morning News , le bulletin des écoles publiques de Jenison, était intitulé : « That JuNgle We Call Recess », « Cette jungle que nous appelons récréation ». Cet article exposant les défis que pose la récréation sur le plan social présentait un certain nombre d'idées et faisait état du matériel pouvant être utilisé pour faciliter la compréhension du volet social de la récréation par les enfants atteints d'autisme et d'autres troubles envahissants du développement.

On trouvera dans le présent fascicule l'article
Cette jungle que nous appelons récréation

et le matériel auquel l'article se référait et qui est présenté dans l'ordre qui suit :

Questionnaire sur les indices de comportement social

Le sixième sens

*Un petit morceau de craie pour faciliter
les rapports entre enfants dans la cour de récréation*

Exemple d'un scénario social à l'heure de la récréation

Cette **JUNGLE**
que nous appelons cour de « récréation »

Carol Gray
Consultante aux élèves atteints d'autisme
des écoles publiques de Jenison

Une vingtaine d'enfants lisent en silence dans leur classe. Une cloche sonne. Soudain, les couvercles des pupitres s'ouvrent tout grands et se ferment dans un désordre qui défie toute idée d'ensemble ou de logique. Les crayons tombent sur le plancher. Les enfants se précipitent à la porte et des papiers tombent des comptoirs, signes indéniables du passage de la « cohorte ». Dans un temps record, qui ferait rougir de honte une armée de fantassins, les élèves se préparent et la cour de récréation est tout d'un coup envahie par 534 enfants. Les écureuils interrompent leur cueillette de noix et les oiseaux prennent la direction du sud. C'est le moment de la récréation.

Pour l'enfant souffrant d'un trouble relié à l'autisme, c'est le début de la confusion. Les quinze à trente minutes de récréation lui sembleront interminables, un temps plus long qu'il n'en faut pour lire cet article. Un temps plus long que celui nécessaire pour remplir le lave-vaisselle. Pour l'enfant autiste, un temps plus long que pour faire à peu près n'importe quoi. Comme l'a si bien dit un enfant: « Le problème à la récréation, c'est que tous les enfants sont libres. » Ou, comme le dit un autre: « À la récréation je suis censé m'amuser et mon enseignante dit: "Allez dehors et amusez-vous" ... mais je ne m'amuse pas. »

Dans une jungle, l'endroit le plus sécuritaire semble être la lisière ; c'est là qu'en tant que consultante, je trouve souvent mes élèves. Et si mes élèves ne sont pas à la lisière physique de la cour de récréation, ils en sont souvent à la lisière sociale. Beaucoup d'enfants autistes aimeraient jouer avec les autres enfants, mais ils semblent perdus et en quête d'une direction à suivre, alors qu'il n'y a ni signes ni flèches pour les guider. Nous avons quelques idées qui pourraient aider ces enfants.

D'abord, il faut se rappeler que les difficultés de comportement en société, que nous pouvons observer chez les enfants autistes pendant la récréation, ne sont pas le problème lui-même mais bien plutôt la conséquence d'un problème. De même, le fait que l'enfant autiste est souvent exclu n'est pas le problème mais une conséquence du problème. Nous devons, alors, prendre le temps de reconnaître le problème du point de vue de l'enfant autiste et aussi du point de vue des autres enfants. Poser à l'enfant autiste des questions qui se trouvent dans la section du Questionnaire sur les indices de comportement en société qui porte sur la récréation peut apporter un certain éclairage. Parler avec les autres enfants à la récréation peut aussi jeter un peu de lumière sur le sujet. Il importe d'abord de « connaître la jungle », avant de prodiguer des « conseils à toute la faune sauvage ».

Une fois que vous aurez saisi ce qu'est la récréation, si vous amenez les enfants à mieux comprendre leurs compagnons atteints d'autisme, les choses seront peut-être plus faciles. Parlez aux compagnons de classe de l'enfant autiste et expliquez-leur les défis que ce dernier a à relever. Une des idées que nous avons et qui a fait ses preuves (elle découle de rétroactions informelles de la part des enseignants) consiste à présenter en classe les problèmes auxquels sont confrontés ceux qui ont des difficultés majeures dans le domaine des habiletés sociales et ensuite à faire des exercices qui aideront les élèves à mieux comprendre ces difficultés. Il s'agit de faire un bref rappel des cinq sens, puis d'en identifier un nouveau, « le sixième sens », celui des habiletés sociales. Suit un exercice auquel participe toute la classe qui montre comment fonctionne le sixième sens pour nous.

Souvent les parents et les professionnels se plaignent que « tous les enfants taquinent » l'enfant autiste. Il est très important de cerner précisément le problème, car il y a fort à parier qu'il n'y a que quelques enfants qui le taquinent. Essayez d'accorder du temps à l'enfant taquin pour tenter de le comprendre. Étant donné que la taquinerie est perçue comme une marque d'insensibilité et de cruauté, la tentation est grande de demander à l'enfant taquin « ce qu'il ressentirait si c'était lui qu'on taquinait ». Il sait probablement déjà comment il se sentirait, et il se peut qu'il cherche quelqu'un qui reconnaisse ce qu'il ressent. Bien que la réprimande soit de mise, la compréhension l'est aussi, et une intervention empreinte de compréhension donne de meilleurs résultats à long terme.

D'autre part, les enfants qui subissent la taquinerie ont besoin d'aide pour apprendre à réagir à ces situations. Pour les aider, commencez en mettant sur papier des solutions à des situations de taquinerie de la vraie vie. Par exemple, si un enfant a besoin d'aide pour distinguer les « bons enfants » des autres dans la cour de récréation, établissez deux listes de noms. Sur une liste, écrivez les noms de ceux qui demandent à l'enfant autiste « de faire des choses qu'il sait être des bêtises ou être bien ». Sur l'autre liste, écrivez les noms des enfants « qui ne lui demandent jamais de faire ces sortes de choses ». Un enfant qui avait vu les deux listes ainsi constituées a pris le crayon de ma main et a biffé les noms de ceux qui lui causaient des problèmes, puis il a déclaré: « Tiens, ils sont partis. » Une fois maître de la situation sur papier, il a écrit quelques solutions qui, pensait-il, pourraient les faire disparaître à la récréation. Il s'agit de structurer la discussion tout en fournissant une rétroaction visuelle, ce qui permet à l'enfant de trouver ses propres solutions.

Un morceau de craie (ou de la peinture pour l'extérieur) peut contribuer à améliorer la situation dans la cour de récréation. Utilisez ce matériel pour ajouter une structure visuelle et sociale à la récréation. Par exemple, utilisez la craie pour tracer des « cases d'attente » de son tour pour faire des lancers au panier, et faire remonter successivement les élèves de la dernière case à la première, d'où ils feront chacun à leur tour des lancers. Ou encore, inscrivez les règlements de la cour de récréation sur l'asphalte. Indiquez à un élève où se placer pour faire la file, en écrivant son nom à la craie sur l'asphalte (il y en aura peut-être d'autres qui voudront écrire leur nom).

Selon l'élève et la situation, des scénarios sociaux peuvent aider un enfant autiste à faire face à diverses situations qui se présentent dans la cour de récréation. Rappelez-vous toujours de commencer toute intervention en tenant compte du point de vue de l'enfant. Certains scénarios sociaux ayant trait à la récréation ont eu du succès en utilisant des photos; ces dernières illustraient chacun des jeux de la cour de récréation et chacune des activités les plus populaires. Cette façon de procéder permet de décomposer et simplifier une situation qui peut être troublante dans l'ensemble.

Pam Wolfberg, étudiante au doctorat, à créé les Integrated Play Groups - Les groupes intégrés de jeu pour aider les enfants à apprendre à jouer avec les autres. Le but est de « fournir aux enfants qui ont des difficultés à jouer à la fois aux jeux symboliques et aux jeux de groupe (interactions sociales) des occasions d'apprendre à jouer avec des pairs socialement compétents, le tout dans le cadre de programmes de jeu bénéficiant d'un soutien professionnel ou autre. » (On peut commander le Manuel des groupes intégrés de jeu ainsi que la vidéocassette du mode d'utilisation en communiquant avec les responsables du Projet de l'Institut de recherche de Californie, 14 Tapia Drive, San Francisco, CA 94 132 ; tél. : 415-338-7847, télécopieur : 415-338-6121.)

Une autre idée provient de l'école primaire Holmes de Spring Lake, Michigan. Un espace a été réservé pour une « classe extérieure », où on retrouve des bancs pour s'asseoir et lire. Les élèves peuvent apporter des livres dehors et lire pendant la récréation. C'est une façon d'accorder aux enfants qui ne veulent pas se balancer ou jouer au baseball une autre option de récréation.

La cloche sonne la fin de la récréation et c'est le scénario inverse qui se produit. Le phénomène social appelé récréation prend fin. Les enfants retrouvent leur place en classe. L'aide visuelle que nous apportons à nos élèves les guide par les activités de la récréation et contribuera, espérons-nous, à rendre « la jungle que nous appelons récréation » plus accessible aux enfants souffrant de troubles d'autisme et permettra à ces enfants de profiter pleinement de la récréation.

Questionnaire sur des indices de comportement social

Conseils pour son utilisation

Carol Gray
Consultante aux élèves atteints d'autisme
des écoles publiques de Jenison

Le Questionnaire sur des indices de comportement social est une liste de contrôle informelle qui peut aider à déceler les difficultés qu'éprouve un enfant à suivre la routine de la classe, ou la difficulté qu'éprouve un enfant à déceler et à interpréter ou à réagir à des indices sociaux. Ces conseils constituent des lignes directrices assorties de considérations sur le style d'apprentissage de chaque enfant.

Choisissez les questions qui sont les plus appropriées aux besoins de l'enfant. Dans chacune des sections, on peut recourir à une ou deux questions ou à toutes les questions.

Il peut être utile d'enregistrer les questions sur une disquette d'ordinateur, ce qui permettra à l'enfant de répondre directement aux questions et de façon autonome. Si un enfant ne sait pas taper à l'ordinateur, assoyez-vous avec lui devant l'ordinateur et inscrivez les questions en gros caractères. L'enfant peut alors vous dicter sa réponse et se concentrer sur l'écran où apparaissent visuellement vos questions et ses réponses.

Vous pouvez aussi utiliser un petit tableau plastifié et des marqueurs pour illustrer les questions. Pour ce faire, dessinez rapidement des personnages allumettes . Ces illustrations pourront aider l'enfant à mieux saisir les questions et il pourra, conséquemment, y répondre plus adéquatement.

Revoyez avec l'enseignante de l'enfant les réponses de celui-ci. Un enfant peut fournir des réponses qui semblent logiques et correctes, mais qui sont peut-être inappropriées compte tenu du type d'enseignement prodigué par l'enseignante. Par exemple, un enfant peut dire que l'enseignante éteint les lumières pour signifier aux élèves qu'elle veut qu'ils soient tranquilles. Il est important de vérifier auprès de l'enseignante si la réponse de l'enfant correspond vraiment à ce que l'enseignante fait ou si sa réponse fait référence à ce qu'une enseignante d'une année antérieure faisait. Revoir les réponses de l'enfant avec l'enseignante permet de vérifier si les réponses de l'enfant correspondent à l'expérience qu'il vit en classe au moment où vous posez les questions.

Questionnaire sur les indices de comportement social

Nom	Date

École	Enseignant/enseignante

La routine du matin

1. Quelle est la première chose que tu devrais faire le matin en arrivant à l'école?

    _____

    _____

    _____

    _____

2. Quand tu as fini cette chose, que fais-tu ensuite?

    _____

    _____

    _____

    _____

3. Comment sais-tu que c'est le temps d'arrêter de faire ça (n° 2)?

    _____

    _____

    _____

    _____

4. La chose la plus difficile à faire au début de la journée à l'école, c'est

    _____

    _____

    _____

    _____

    _____

Les règlements

5. Est-ce qu'il y a des règlements pour les élèves dans ta classe?

_____
_____
_____
_____

6. Est-ce que les règlements sont affichés dans ta classe?
   Si oui, où sont-ils affichés?

_____
_____
_____
_____

7. De quels règlements te souviens-tu?

_____
_____
_____
_____

8. Pourquoi les élèves de ta classe ont-ils ces règlements?

_____
_____
_____
_____

9. Quel règlement, penses-tu, est le meilleur (ou le plus important)?

_____
_____
_____
_____

10. Quel règlement, penses-tu, ta classe devrait avoir?

_____

_____

_____

_____

11. La chose qu'on ne devrait JAMAIS faire dans ma classe, c'est

_____

_____

_____

_____

12. Est-ce qu'il y a un règlement dans ta classe pour lever la main? Si oui, quand les élèves lèvent-ils leur main? (Pourquoi?)

_____

_____

_____

_____

13. Si tu lèves ta main pour répondre à une question que pose l'enseignante, est-ce que l'enseignante te demande toujours de donner la réponse?

_____

_____

_____

_____

Mon enseignant/enseignante

Le nom de mon enseignant/enseignante est :_____

14. Comment sais-tu si ton enseignante s'adresse seulement à toi?
    Comment sais-tu si ton enseignante s'adresse à tous les élèves en
    même temps?

    _____
    _____
    _____
    _____

15. Comment sais-tu si ton enseignante est heureuse?
    (Que fait ton enseignante? Que dit ton enseignante?)

    _____
    _____
    _____
    _____

17. Peux-tu nommer une chose qui fait que ton enseignante se fâche?

    _____
    _____
    _____
    _____

18. Comment sais-tu que ton enseignante va dire une chose VRAIMENT
    importante? (Que fait ton enseignante? Que dit ton enseignante?)

    _____
    _____
    _____
    _____

19. Comment sais-tu si ton enseignante fait une blague ou une taquinerie (elle essaie de faire rire les autres)? Que fait ton enseignante? Que dit ton enseignante?)

_____

_____

_____

_____

20. Mon enseignante est contente quand les élèves

_____

_____

_____

_____

21. Que fait ton enseignante quand c'est le temps de commencer une période?

_____

_____

_____

_____

22. Il y a une chose que mon enseignante fait et que j'aime beaucoup, c'est _____

_____

_____

_____

_____

Faire la file

23. Quand tous les élèves de ta classe marchent-ils en file?

_____

_____

_____

_____

24. Pourquoi, penses-tu, les enseignantes demandent aux élèves de marcher en file?

_____

_____

_____

_____

25. Comment sais-tu que tu devrais te placer en file avec les autres élèves? (Que dit ton enseignante? Que fait ton enseignante?)

_____

_____

_____

_____

26. Comment te sens-tu quand tu te tiens en file?

_____

_____

_____

_____

27. Aimes-tu te tenir en file ou marcher en file à l'école? (Pourquoi oui ou pourquoi non?)

_____

_____

_____

_____

28. À qui revient-il d'occuper la première place de la file ?

_____

_____

_____

_____

29. Comment sais-tu à qui il revient d'occuper la première place de la file ?

_____

_____

_____

_____

30. Aimerais-tu être la première de la file, la dernière ou être à une place quelque part entre la première et la dernière ?

_____

_____

_____

_____

31. Que devrait faire un élève quand c'est le temps de se mettre en file et qu'il n'a pas fini son travail ?

_____

_____

_____

_____

32. Est-ce que les élèves de ta classe se mettent parfois en file dehors ?

_____

_____

_____

_____

La récréation

33. Parle-moi de la récréation.

_____

_____

_____

_____

34. Comment sais-tu que c'est le temps de la récréation?

_____

_____

_____

_____

35. Qu'est-ce que tu aimes faire pendant la récréation?

_____

_____

_____

_____

36. Que font les autres enfants pendant la récréation?

_____

_____

_____

_____

37. Que dois-tu faire quand c'est le temps de la récréation et que tu n'as pas fini ton travail?

_____

_____

_____

_____

38. Est-ce qu'il y a des règlements à la récréation?
Si oui, peux-tu me dire quelques-uns de ces règlements?

_____

_____

_____

_____

39. Qu'est-ce qui est la meilleure chose en ce qui concerne la récréation?

_____

_____

_____

_____

40. Est-ce qu'il y a quelque chose que tu n'aimes pas au sujet de la récréation? Peux-tu m'en parler?

_____

_____

_____

_____

41. Quelle est la chose la plus amusante que tu aies vue pendant la récréation?

_____

_____

_____

_____

42. Comment sais-tu que c'est le temps de retourner en classe et que la récréation est finie?

_____

_____

_____

_____

Recevoir de l'aide

43. Comment ton enseignante sait-elle que tu as besoin d'aide?

_____

_____

_____

_____

44. Si un élève dans ta classe a besoin d'aide, que devrait-il faire?

_____

_____

_____

_____

45. Tout le monde a besoin d'aide de temps en temps.
    Quand, penses-tu, as-tu besoin d'aide?

_____

_____

_____

_____

46. Quelles sont les choses que tu peux faire pour aider les élèves
    dans ta classe?

_____

_____

_____

_____

47. Quelles sont les personnes de ta classe qui peuvent t'aider si tu
    as besoin d'aide?

_____

_____

_____

_____

Les transitions

48. Quelle est la première chose que tu fais, habituellement, après la récréation du matin?

_____
_____
_____
_____

49. Quelle est la première chose que tu fais, habituellement, après le dîner?

_____
_____
_____
_____

50. Quelle est la première chose que tu fais, habituellement, après la récréation de l'après-midi?

_____
_____
_____
_____

51. Où les élèves mettent-ils les travaux qu'ils ont terminés?

_____
_____
_____
_____

52. Dans ta classe, si un élève a terminé TOUS ses travaux, que peut-il faire?

_____
_____
_____
_____

Les amis et les compagnons de classe

53. Que veut dire le mot ami ?

_____

_____

_____

_____

54. Un ami c'est quelqu'un qui …

_____

_____

_____

_____

55. As-tu un ami dans ta classe ? Quel est le nom de ton ami ?

_____

_____

_____

_____

56. Qu'est-ce que les gens veulent dire quand ils demandent :
    « T'es-tu fait des amis ? »

_____

_____

_____

_____

57. Beaucoup d'élèves de ma classe aiment …
    (nom d'un compagnon de classe)

_____

_____

_____

_____

58. La raison pour laquelle tant d'élèves aiment (nom du n° 57) est...

_____
_____
_____
_____

59. Si je veux jouer avec quelqu'un, voici ce que je fais...

_____
_____
_____
_____

60. Il y a une chose que j'aime faire avec les autres enfants, c'est...

_____
_____
_____
_____

61. Chaque enfant aime faire des choses différentes.
Voici une liste de dix choses que les enfants aiment faire :

1. _____   6. _____
2. _____   7. _____
3. _____   8. _____
4. _____   9. _____
5. _____   10. _____

62. Une chose que mes amis aiment faire, c'est...

_____

_____

_____

_____

63. Un «meilleur ami», c'est...

_____

_____

_____

_____

Le sixième sens
Plan de leçon: pour élèves de 8 à 18 ans et plus

Carol Gray
Consultante aux élèves atteints d'autisme
des écoles publiques de Jenison

But: Améliorer, chez les élèves ordinaires, la compréhension des difficultés reliées à l'autisme, particulièrement en matière de communication et de cognition sociale, et qui ont une incidence directe sur les élèves ordinaires.

Soutenir et guider les élèves ordinaires dans leur recherche de moyens efficaces pour aider leurs compagnons de classe atteints de l'autisme.

Objectifs: Les élèves feront une revue des cinq sens et se demanderont (1) quel est leur rôle respectif dans la cueillette d'information, (2) si les sens sont quelque chose d'appris ou d'« automatique » et (3) quelles sont les conséquences d'un handicap sensoriel donné (par exemple, l'ouïe et la vue).

Les élèves participeront à une séance où on montrera comment les gens « automatiquement » enregistrent les perceptions, les pensées et les sentiments des autres.

Les élèves apprendront pourquoi notre sens social peut être considéré comme un « sixième sens », en comparant notre habileté à emmagasiner de l'information sociale et à traiter cette information avec la façon dont l'information est emmagasinée et traitée par les autres sens.

Les élèves vont relever des conséquences possibles d'un dommage quelconque au sens social.

Les élèves trouveront des moyens efficaces pour aider un compagnon de classe atteint de l'autisme.

Matériel :   Petit article à cacher (animal en peluche)
Tableau sur lequel on peut écrire à la craie ou tableau plastifié permettant l'usage de marqueurs.

Marche à suivre :

Introduction :
Expliquez aux élèves de la classe que vous allez les aider à comprendre leur compagnon, _____ .
Expliquez aux élèves que vous allez leur montrer, en partie, ce que signifierait pour eux le fait d'être atteints d'autisme, du syndrome d'**asperger** ou d'un autre trouble **envahissant** du développement. Ensuite, dites-leur qu'ils vont apprendre quelque chose au sujet de ce qu'on pourrait appeler le sixième sens et qu'ils vont parler de moyens d'aider quelqu'un pour qui ce sixième sens cause des difficultés.

Revue des sens :
Demandez aux élèves de dire pour chacun des cinq sens

1. si le sens est appris ou « automatique » ;
2. comment ce sens nous aide, comment nous utilisons ce sens, quelle sorte d'information nous recevons par ce sens ;
3. dans le cas de la vue et de l'ouïe , ce que nous savons des personnes qui ont un handicap relativement à ces sens et comment on peut les aider.

Notez au tableau les idées qui émergent au fur et à mesure que la discussion progresse. Par exemple,

VUE : *quelqu'un vous a-t-il déjà appris à voir ?*
- *la vue sert à : savoir où nous allons, à apprendre, à lire, à jouer, etc.*
- *pour aider les aveugles : chien-guide, canne, d'autres personnes pour accompagner ; le braille ; besoin d'environnement organisé.*

Démonstration du fonctionnement du « sixième sens » :
Dites aux élèves que vous allez leur montrer comment fonctionne le sixième sens. Demandez un volontaire qui restera assis. Choisissez quelqu'un au fond de la classe. Demandez à cet élève de décrire brièvement ce qu'il voit, par exemple le tableau, l'horloge, etc. Ensuite, demandez à ce même élève de nommer les choses que *vous* voyez, par exemple tous les élèves et leurs pupitres, le babillard placé au fond de la classe, etc. Nommez les choses que vous savez être derrière vous, par exemple le tableau, l'horloge, et demandez à l'élève choisi de vous dire si vous pouvez les voir. Finalement, demandez à l'élève comment il a réussi à faire cela : comment a-t-il été capable de savoir de quoi avait l'air la classe à partir de l'endroit où vous vous tenez. Il ne saura probablement pas la réponse, mais vous allez la lui dire immédiatement. Expliquez-lui que nous avons tous la capacité d'imaginer comment les choses paraissent aux autres : leur apparence, leur texture, leur son, etc. même si nous ne nous trouvons pas exactement au même endroit qu'eux. Demandez à tous les élèves si quelqu'un leur *a appris* à faire cela ou s'ils le *savaient tout simplement. Notre capacité de savoir ce que les autres perçoivent est-elle automatique ?* Inscrivez les idées exprimées au tableau. Pour *les plus jeunes* élèves, écrivez :

• *Nous savons ce que les autres voient, entendent,
    goûtent et touchent.*

Aux élèves plus âgés, expliquez que nous avons l'habileté d'adopter la *perspective perceptuelle* des autres, que nous enregistrons constamment et de façon automatique ce que les autres voient, entendent et ressentent, et écrivez :

PERSPECTIVE PERCEPTUELLE

Ensuite, demandez aux élèves de bien vous observer pendant que vous cachez un petit objet (animal en peluche). Demandez à un volontaire, par exemple Antoine, de quitter la classe.

Attirez l'attention de tous les autres élèves sur le fait que vous *changez le petit animal de place* pendant qu'Antoine est à l'extérieur de la classe. Demandez ensuite à Antoine de revenir à sa place dans la classe.

Demandez un autre volontaire, disons Josée. Demandez à Josée où *Antoine pense* que l'animal en peluche est caché. Josée devrait indiquer la première cachette et non celle où l'animal se trouve réellement. Expliquez, alors, que les gens enregistrent de façon continuelle ce que les autres *savent*. Est-ce que quelqu'un nous a appris à faire ça ou est-ce plutôt automatique comme c'est le cas avec les sens ? À l'intention des *plus jeunes* élèves, ajoutez à ce qui est déjà écrit au tableau :

- *Nous savons ce que les autres voient, entendent, goûtent et touchent.*

- *Nous savons ce que les autres savent.*

Aux élèves plus âgés, expliquez que nous avons l'habileté d'enregistrer ce que les autres savent, que nous pouvons adopter la *perspective cognitive* des autres, et ajoutez à ce qui est déjà au tableau :

- *Perspective perceptuelle*

- *Perspective cognitive*

Enfin, expliquez que nous avons aussi l'habileté de savoir ce que les autres *ressentent*. Discute brièvement comment nous reconnaissons ce que les autres ressentent (expressions du visage, façon de se déplacer, ce qu'ils disent et la façon dont ils le disent, etc.) Ajoutez à la liste, à l'intention *des plus jeunes élèves:*

- *Nous savons ce que les autres voient, entendent, goûtent et touchent.*
- *Nous savons ce que les autres savent.*
- *Nous savons ce que les autres ressentent.*

Faites un retour sur la liste et donnez-lui pour titre
Le sixième sens: notre sens social

LE SIXIÈME SENS: NOTRE SENS SOCIAL
- *Nous savons ce que les autres voient, entendent, goûtent et touchent.*
- *Nous savons ce que les autres savent.*
- *Nous savons ce que les autres ressentent.*

Aux élèves plus âgés, dites que l'habileté de savoir ce que les autres ressentent est l'habileté d'adopter la *perspective affective* des autres. Expliquez-leur que l'habileté d'adopter les perspectives perceptuelle, cognitive et affective forment ce qu'on appelle l'habileté d'adopter des perspectives. Intitulez la liste maintenant complète:

HABILETÉ D'ADOPTER DES PERSPECTIVES
- *Perspective perceptuelle*
- *Perspective cognitive*
- *Perspective affective*

Parlez du handicap social :

Revoyez rapidement avec les élèves ce que signifie vivre avec un handicap comme la surdité ou la cécité. Expliquez-leur que les sens de l'ouïe et de la vue de ces gens sont partiellement ou complètement endommagés et qu'ils ont besoin de la compréhension des autres. Demandez aux élèves de s'imaginer ce que pourrait signifier le fait d'avoir le sens social endommagé (ou tout dommage à la cognition sociale ou à l'habileté à adopter des perspectives). S'il semble difficile pour les élèves d'imaginer de telles situations, aidez-les avec des questions comme

Serait-il facile ou difficile pour toi de savoir que c'est ton tour, si tu ne savais pas ce que les autres pensent ou ce qu'ils ressentent ?

Serait-il facile ou difficile pour toi de parler aux autres de choses qu'ils ont faites ?

Serait-il facile ou difficile pour toi de comprendre pourquoi il faut des règlements aux jeux ?

Serait-il facile ou difficile pour toi de comprendre pourquoi les gens font des choses ?

Est-ce que certaines choses que les gens font te surprendraient ? Se pourrait-il que des gens te fassent peur parfois ?

Serait-il facile ou difficile pour toi de te faire des amis ?

Expliquez-leur que toutes ces choses peuvent présenter des difficultés pour leur compagnon de classe **concerné**.

Conclusion :

Notez les solutions des élèves : Demandez aux élèves de trouver des façons d'aider leur compagnon de classe. Écrivez leurs idées au tableau. Les élèves peuvent avoir besoin d'aide dans cet exercice, alors faites-leur part de votre propre compréhension de l'enfant **en question** ; vous les aiderez ainsi à trouver des moyens pour aider leur compagnon de classe.

Un petit morceau de craie pour faciliter les rapports entre enfants dans la cour de récréation

Carol Gray
Consultante aux élèves atteints d'autisme
des écoles publiques de Jenison

Aider les élèves atteints d'autisme à interagir efficacement avec les autres est une préoccupation constante et prioritaire. Dans la cour de récréation, les élèves autistes font face à des défis considérables. Pour concrétiser les idées qui suivent, il faut de l'asphalte et un morceau de craie ainsi que d'autres « outils » et moyens pour aider les élèves autistes à profiter réellement de leur récréation.

Faire la file

Avec une craie, tracez un rectangle où l'élève ira se placer au son de la cloche — les autres enfants peuvent s'aligner au hasard de chaque côté. Variantes :
1) Écrivez le nom de l'enfant dans le rectangle ;
2) Inscrivez une consigne au sujet d'un comportement souhaité, par exemple : TOURNE-TOI DE CE COTÉ ou ATTENDS LES DIRECTIVES DE TON ENSEIGNANTE, etc. ;
3) Tracez le rectangle en faisant des lignes pointillées qui pourront être effacées plus facilement.

Chacun son tour

Pour réaliser ces propositions il faut la participation d'un groupe d'enfants — les élèves ordinaires trouvent souvent ces modifications très utiles pour eux aussi. Il existe plusieurs possibilités, en voici quelques-unes :

1. Dans le cas d'un jeu qui se joue dans un espace déterminé ou encore qui implique le « tour de rôle » : les enfants s'inscrivent sur une « liste » avec une craie. Il s'agit alors de respecter l'ordre d'inscription des noms pour jouer à son tour. Un enfant peut avoir la responsabilité de diriger les autres en appelant les inscrits chacun à son tour.

2. Pour des lancers au panier : Tracez des cases suivant une rangée en forme d'arc, comme illustré plus bas. Chaque élève se place dans une case et tous lancent le ballon au panier à tour de rôle. Quand le ballon est rendu au dernier de la rangée, il revient à l'élève qui se trouve dans la case départ et les enfants avancent d'une case vers la droite, de façon à lancer le ballon à partir d'une nouvelle case. Dans une école aux États-Unis, on a même décidé de rendre ces cases permanentes en les traçant avec de la peinture blanche.

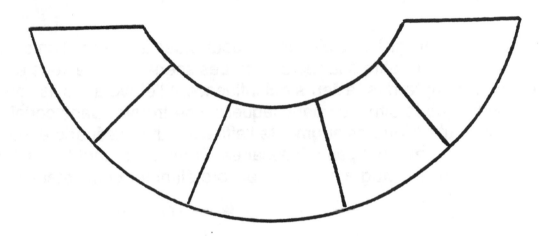

Communication : « Je veux être seul un moment »

Déterminez, à l'aide d'une craie, un espace de la cour de récréation qui sera réservé à l'élève autiste ; faites-lui comprendre que c'est « son espace » et dites-le également aux autres élèves.

Autres idées

Demandez à l'élève autiste et aux autres élèves de vous suggérer des idées quant à ce qu'il faudrait écrire ou dessiner dans la cour d'école afin d'aider à bien structurer les jeux et à réaliser leur bonne marche. Les possibilités sont littéralement innombrables. Le but est de fournir des exemples visuels d'organisation dans une situation qui autrement peut être déroutante. Amusez-vous bien !

Exemple d'un scénario social à l'heure de la récréation

L'histoire qui suit : « C'est le temps de la récréation », a été écrite par Carol Gray. C'est un exemple de scénario social destiné à un jeune garçon de première année du primaire atteint d'autisme et qui craignait d'aller à la récréation. Ce scénario l'a aidé à comprendre qu'il y avait un grand nombre d'activités à la récréation auxquelles il pouvait participer. Quelques jours après avoir pris connaissance de l'histoire, le jeune garçon allait dehors à la récréation.

Ce scénario est fourni à titre d'exemple pour aider à la rédaction d'autres scénarios sociaux relatifs à la récréation. Les scénarios que vous écrirez devront tenir compte des facteurs qui influencent l'élève à qui ils sont destinés ainsi que la situation dans laquelle il se trouve. Dans certaines situations, l'ajout de photos augmente l'efficacité d'un scénario et dans d'autres cas elles ne sont pas nécessaires. Parfois, on peut leur substituer des images ou des pictogrammes, ou encore éliminer complètement des illustrations.

Vous pouvez vous procurer d'autres documents expliquant comment écrire des scénarios sociaux et comment les utiliser efficacement, en adressant votre demande et en faisant parvenir l'argent pour couvrir les coûts d'achat à : **Future Education, 424 Lamar Blvd. East, Arlington, Tx 76011. Téléphone : (817) 277-0727. Télécopieur : (817) 277-2270.**

Je vais à l'école Saint-Michel. Je suis dans la classe de maternelle de Mme Michaud.

Presque tous les jours nous allons dehors à la récréation. Parfois, quand il fait froid, je mets mon manteau et mon chapeau. Voici un dessin que j'ai fait de moi-même : je porte mon manteau et mon chapeau. Je suis prêt pour la récréation.

Il y a beaucoup d'enfants à la récréation. Il y a aussi beaucoup de choses avec lesquelles on peut jouer. Certains enfants courent vers la glissoire. Certains enfants aiment les barres transversales. Certains enfants aiment grimper aux barres des singes. Chaque enfant essaie de trouver quelque chose d'amusant à faire.

La glissoire est très haute. Certains enfants montent dans l'échelle jusqu'en haut. Mais ce qui est le plus amusant c'est

                    G
                        L
                            I
                                S
                                    S
                                        E
                                            R   jusqu'en bas. Wow ! ça va vite.

Parfois, il y a une file d'enfants qui attendent leur tour pour glisser. Si je me mets en file, je serai bientôt le PREMIER. Nous devons tous attendre pour être le PREMIER et pour avoir notre tour. Puis, nous glissons.

Certains garçons sont de bons grimpeurs. Ils commencent à grimper tout à fait en bas et ils rampent vers le haut. Ils se tiennent bien fort et se déplacent très lentement. Les enfants se déplacent lentement quand ils grimpent pour être sûrs que leurs pieds et leurs mains sont bien placés. Beaucoup d'enfants trouvent ça amusant de grimper puis de regarder les autres d'en haut.

Beaucoup d'enfants pensent que c'est amusant d'aller jouer aux barres. Quand les enfants s'amusent, parfois ils sourient.

Certains enfants apportent un ballon dehors à la récréation.
Je peux faire rouler un ballon, le taper, l'attraper, le lancer ou le faire

r
e   d i   r.
  b   n
     o

Si je trouve un ami qui veut lui aussi jouer, nous pouvons nous l'envoyer en le faisant

r
e   d i   r.   Je peux faire rouler le ballon. Les ballons à la
  b   n   récréation, c'est amusant.
     o

Il y a aussi des amis avec qui on peut jouer pendant la récréation. Ça peut être amusant de jouer avec un ami dans la cour de récréation.

Si je le veux, je peux parler à mon enseignante dans la cour de récréation. D'habitude, les enseignantes sont très gentilles. Une enseignante peut m'aider si j'ai un problème. Je peux aller trouver une enseignante et lui parler à la récréation.

La cloche sonne pour nous dire quand la récréation est terminée. Nous nous plaçons en file pour retourner dans nos classes. Quand nous sommes de retour en classe, la cour de récréation est très tranquille. Tous les enfants sont à l'intérieur.

Si vous aimez ce livre,
essayez ces autres de
Future Horizons . . .

Conversations en bandes dessinées

Interactions avec des élèves atteints d'autisme ou d'autres troubles apparentés par le biais d'illustrations en couleurs

Carol Gray

Écoles publiques de Jenison
Jenison, Michigan

Livre de scénarios sociaux

Les scénarios sociaux compris dans ce livre ont été soigneusement
conçus pour les enfants et les adultes atteints d'autisme.

Nouveau livre de scénarios sociaux 1994

Les scénarios sociaux compris dans ce livre ont été soigneusement conçus pour les enfants et les adultes atteints d'autisme.

FUTURE HORIZONS, INC.
721 West Abram Street
Arlington, TX 76013
800.489.0727
info@FHautism.com
www.FHautism.com

Printed in the USA
CPSIA information can be obtained
at www.ICGtesting.com
JSHW060049150824
68134JS00031B/2688